Für Thorsten

zum 50.

herzlichst

Marlene

Burkhard Spinnen

Lego-Steine

Kindheit um 1968

Mit Zeichnungen
von Kay Voigtmann

Schöffling & Co.

Erste Auflage 2004

Satz & Lithographie: Reinhard Amann, Aichstetten
Druck & Bindung: Pustet, Regensburg
ISBN 3-89561-039-9

www.schoeffling.de

Inhalt

Lego-Steine

Hehn

Der Name des Vorortes, in dem ich geboren wurde, lautete Hehn. Es war weniger ein Vorort, vielmehr ein kleines Bauerndorf vor der Stadt und eigentlich nur eine sich auf halber Länge gabelnde Straße, an der in loser Folge die Höfe standen. Dazwischen, in die ehemaligen Obstgärten, die Bungerte, wurden neuerdings Wohnhäuser gebaut. In einem davon lebten wir, unter dem schrägen Dach, Stadtleute, Zugezogene, praktisch Fremde für immer; und das, obwohl noch die Familie meines Großvaters väterlicherseits nur hundert Meter weiter die Straße hinauf ein ganzes Haus besessen hatte und wir zweimal auf der Tafel für die Opfer des Weltkriegs standen.

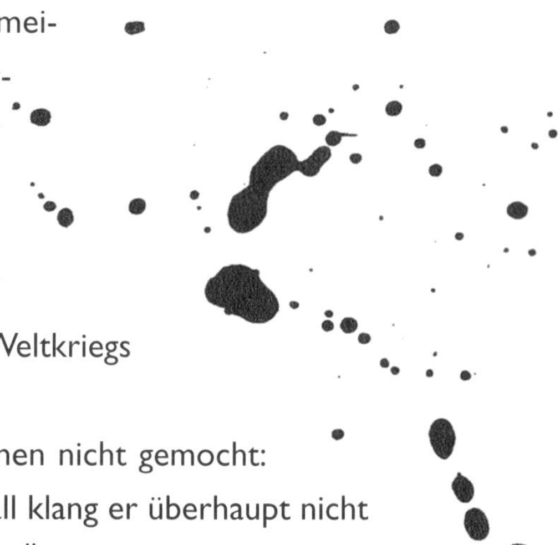

Ich habe schon den Namen nicht gemocht: Hehn. Im rheinischen Tonfall klang er überhaupt nicht wie ein Name, eher wie die Äußerung von Unmut, Langeweile oder schwelender Aggression. Versuchte ich aber, ihn möglichst hochdeutsch auszusprechen, so klang das gestelzt, gesucht und lächerlich. Auch konnte mir keiner sagen, was der Name bedeutete; eine junge Volksschullehrerin erklärte uns Gladbach und Rheydt und Hardt, das hieß Fluss und Schilf und Wald. Zu Hehn aber, sagte sie, habe sie nichts gefunden; weitere Autoritäten kannte ich damals nicht. Als wir schließlich in einen anderen Vorort zogen, war ich wenigstens einer Sorge enthoben. Dort hieß es Dahlen und das bedeutete Hügel.

Viel später habe ich den Namen Hehn wiedergefunden. So heißt ein Schriftsteller, der zu einem exklusiven Dichterkreis gehörte. Er hat ein viel gelesenes Buch über Goethe geschrieben. Plötzlich war mir klar, wie der Name auszusprechen sei. Und zu meinem großen Erstaunen klang er jetzt ausgesprochen edel.

Brüderlein

Ich wollte unter gar keinen Umständen Geschwister. Ich bekam auch keine; doch im Geheimen fürchtete ich lange um den Erhalt des sicheren status quo. Geschwister war mir das Wort für alles Störende, Nachteilige und Beeinträchtigende; einen Zwilling gar zu haben, schien mir die Legitimation für Mord oder Selbstmord zu sein. Freilich hätte ich nie sagen können, was genau an Geschwistern so schrecklich sei. Die Vorstellung von der Tafel Schokolade, die mit ihnen zu teilen sei, war keineswegs geeignet, meine Befürchtungen zu illustrieren, und das nicht allein, weil ich mir wenig aus Schokolade machte. Auch von einer Sorge, ich würde Liebe und Zuneigung meiner Eltern verlieren, konnte eigentlich nicht die Rede sein. Was schließlich an Sexuellem dahinter gestanden haben mag, weiß ich erst recht nicht

zu sagen. Könnte ich es, nach psychologischer Schulmeinung würde ja gleich der ganze Komplex offen und ohne Geheimnis vor mir liegen.

Nein, ich wollte eben keine Geschwister. Punktum. Und wenn ich mir im Nachhinein einen Grund dafür ausdächte, so zöge ich mir, um Ordnung in meine Vergangenheit zu bringen, den Boden unter der Gegenwart weg.

Rote Haare

Ich hatte als Junge leuchtend orangerote Haare. So einen nannte man bei uns einen »Fuss«, einen Fuchs, ein rotes Pferd. Das war wie ein zweiter Name, und jeder, der meinen nicht kannte, konnte mich mit diesem rufen. Immer wusste ich, dass es mir galt. Da überdies Rothaarige in der Minderheit sind, werden sie als solche behandelt, also schlecht. Ältere Nachbarn taten ein Übriges und bekundeten immer wieder lebhaft, meinen Vornamen noch nie gehört zu haben und infolgedessen auch nur falsch oder gar nicht aussprechen zu können.

Dergestalt stigmatisiert lebte ich doch längst nicht so schlecht, wie es scheinen mag. Ich hielt mich ohnedies für einen Einzelfall und Sonderling. Und ganz egal, ob nun die äußeren Eigenschaften die inneren bestimmten oder umgekehrt oder ob beide den gleichen Ursprung hatten: Ich lebte einigermaßen heiter, beschützt von einer glücklichen Harmonie zweier unglücklicher Zustände.

Geschichten

Den Schulweg zur Volksschule machte ich fast vier Jahre lang täglich zweimal mit einem Freund, der, obwohl gleichaltrig, bedeutend größer und kräftiger war als ich und der, obwohl ein vom Wesen her ganz friedlicher Mensch, oft seinem Körper gehorchen und dessen Befehle an mir vollstrecken musste. Das gab dann einen blauen Fleck. Und es gab mir den Anlass, auf diesen Schulwegen Geschichten auszusinnen, in denen schlechthin alle vorstellbaren Grausamkeiten an mir verübt wurden. Diese Geschichten verleideten nämlich meinem Freund seine eigenen Übergriffe, die dagegen stümperhaft und halbherzig scheinen mussten. Was war schon der kräftige Tritt von hinten auf die Schultasche, der fast den Arm von der Schulter riss, gegen die Vorstellung, mich durch die Luft zu schleudern, so dass ich in einem Schornstein zu landen käme, was ein Riss am Haar, der Tränen in die Augen trieb, gegen die Beschreibung meiner blutigen Zerstückelung in einer Erntemaschine?

Daraus auf das spätere Leben dessen zu schließen, der hier der Geschichtenerzähler war, ist mehr als heikel. Ich will vorsichtig sein. Es mag gar nichts zu bedeuten haben oder nur eine Anekdote sein. Im Wald zu pfeifen heißt nicht komponieren. Und ich redete eindeutig, um *nicht* gesehen zu werden.

Platt

Meine Eltern bemühten sich nach Kräften, mit mir nur Hochdeutsch zu reden. Noch ihre eigenen Eltern sprachen ausschließlich Dialekt; man nannte das in unserer Gegend kurz und ziemlich treffend: Platt. Ich aber sollte es einmal besser haben und daher sollte ich auch anders sprechen.

Der Plan meiner Eltern ist, soweit es das Sprechen angeht, aufgegangen, aber der Erfolg wurde lange Zeit durch meine Tante Martha in Frage gestellt. Meine Tante Martha war unsere Vermieterin; sie redete den ganzen Tag und sie redete Platt. Entweder sie redete mit meiner Mutter oder mit den Nachbarn oder mit mir oder, zur Not, mit sich selbst. Wollte man ihr übel, könnte man sagen, sie tratschte, doch das trifft es nicht. Vielmehr suchte sie wohl in ihren stillen, kinderlosen Haushalt etwas Freude und Leben zu bringen; und da sie dazu nichts als ihre Stimme hatte, benutzte sie eben die. Ich vermute, sie stellte sich morgens selbst an wie ein Radio und ließ dann für den Rest des Tages im Hintergrund die Programme laufen.

Ich saß stundenlang unten auf ihrer Küchenbank oder oben auf unserer oder, unsichtbar, auf dem kleinen Absatz im offenen Treppenhaus und hörte ihr ebenfalls zu. Ihr Platt war flüssig, ein Strom von Melodien der Besorgnis und des Erstaunens, mit den wiederkehrenden Refrains stereotyper

Wendungen, mit gelegentlichen Aufstauungen der Entrüstung und sprudelndem Überschießen in heiteres Gelächter. Ich begriff nicht alles aus ihrem Redefluss. Gelegentlich bat ich meine Eltern, mir ein paar Vokabeln zu übersetzen: Wittfrau, Schnieder, Bungert, Buere, Niesche, Kasseroll. Aber darauf kam es eigentlich nicht an; verstehen konnte ich meine Tante Martha auch ohne Wörterbuch. Sie war nicht, was, sondern wie sie sprach. Ich habe damals viel gelernt.

Bus

Lange Jahre war es meine größte Furcht, den morgendlichen Schulbus zu verpassen. Immer war ich als Erster an der Haltestelle; doch genau dies ließ mich jedes Mal wieder an allen unseren Uhren zweifeln und für einige schreckliche Minuten fürchten, ich sei doch zu spät gekommen, der Bus schon abgefahren. Bis endlich irgendeiner, den ich nicht kannte, aber dessen Umsicht und Pünktlichkeit ich blindlings mehr vertraute als der meinen, an der Haltestelle erschien. Oft träumte ich, den Bus verpasst zu haben und mich von einem anderen, unendlich langsamen Fahrzeug, einem Traktor vielleicht, in Richtung Schule mitnehmen zu lassen. Der Fahrer blieb dann trotz meiner dringenden Bitten bei seinem schrecklichen Tempo, und nach wenigen Kilometern, immer da, wo die Felder endeten, die unseren Vorort von den Ausläufern der Innenstadt trennten, überholte uns in schneller Fahrt der Bus, dem ich, furchtbare Erkenntnis, fälschlich vorangeeilt war. Kurz hielt er an einer Haltestelle, ich konnte ihn nicht erreichen, und nun war er endgültig fort.

Resultat meiner Ängste war, dass ich sicherheitshalber einen früheren Bus nahm und daher fast jeden Morgen der Erste von tausend auf dem Schulhof war, wo jedes Mal die Sorge, zu spät zu sein, wieder begann, bis ein Zweiter erschien, den wohl Ähnliches plagte. Es war beschämend. Und es war nur ein schwacher Trost, dass ich, wenn ich nach der letzten Schulstunde, obwohl ich in wilder Hast das Gebäude verließ, den ersten Bus nach Hause verpasste, wenigstens nicht alleine dastand, sondern inmitten anderer, die schrien und schimpften und ihre Schultaschen mit Schwung zu Boden warfen.

Klassen

Im ersten und zweiten Schuljahr der Volksschule hatte unsere Klasse gelegentlich zusammen mit der jeweils höheren Unterricht. Da barst der Raum von Kindern. Welcher Gruppe eine Lektion galt, welcher eine Aufgabe, wurde vorher bekannt gegeben. Dieses Verfahren war wohl früher einmal sehr gebräuchlich, aber zu meiner Zeit, wie ich später erfuhr, schon eine Besonderheit. Unsere Lehrerin war eine längst pensionierte Dame, die als Symbol ihrer Überlebtheit Frau Schmitz hieß. Allerdings ist mir keinerlei genauere Erinnerung an diesen Zweiklassenunterricht geblieben, an keine Verwirrung, keinen Streit, an Episoden und Anekdoten. Sicher ist nur, dass ich genau dort das Wichtigste gelernt habe, Lesen und Schreiben; und das recht rasch.

FIBEL

Schlagball

So hieß, unbekümmert darum, ob dieser Name schon von anderem besetzt war, ein Spiel, das wir jahrelang in jeder großen Pause auf dem Schulhof spielten. Die Regeln, so es überhaupt welche gab, waren einfach. Einer oder zwei nahmen Posto in einem Handballtor, die anderen, vielleicht ein halbes, vielleicht ein ganzes Dutzend, standen, ohne in Mannschaften eingeteilt zu sein, davor und erwarteten den Einwurf oder Aufschlag desjenigen, der ein Butterbrotpapier aus Silberfolie zu einem kleinen, harten Ball geformt hatte. Diese Hereingabe bemühte sich nun der Nächststehende oder bemühten sich zwei, drei im Kampfe aufzunehmen, an einen Vierten weiterzuleiten oder direkt mit einem Schlag der flachen Hand ins Tor zu befördern. Begleitet waren diese Aktionen, und darin lag der Zweck des Ganzen, von allerlei pompösen Verrenkungen, übertriebenem

körperlichen Einsatz, übersteigerten Posen und besonders von ausführlichen Kommentaren zu jedem Aufschlag, jeder Annahme, jedem Tor, ja jeder Bewegung überhaupt; Kommentare voller rauflustiger Modewörter.

Natürlich war es eine pubertäre Selbstdarstellung, eine Inszenierung des Körpers; wir spielten »Sport«. Aber es gab dabei, obwohl man viel Spott und manchen Schlag oder Stoß ertragen musste, nie einen Sieger oder einen Verlierer, ja alles Mannschaftliche, das der Betätigung noch innewohnte, wurde in jeder großen Pause zugunsten des Schauspiels lärmend vertrieben.

Lateinlehrer

Unser erster Lateinlehrer war, aber wir nannten es anders, ein schwieriger Fall. An den ausbleibenden Beförderungen bemerkten auch wir mit den Jahren, dass er sich nicht nur mit den Schülern schlecht stand. Ganz spät erfuhren wir, dass er trank, und hatten dann eine Erklärung für den starken Geruch nach Hustendragees und Eukalyptus, der immer von ihm ausging, und für das Zittern seiner Hände. Doch lange Zeit mussten wir seine Kauzigkeiten für etwas Gegebenes und Unabänderliches halten, in das wir uns zu schicken hatten. Wir schlugen unseren Profit aus seinen Schwächen, indem wir ihn immer wieder zu allerlei Stoff- und Unterrichtsfremdem bewegten, ihn stundenlang von seinen Erlebnissen und Reisen erzählen ließen oder ihn in sinnlose Debatten über erzieherische Maßnahmen verstrickten. Wenn nichts anderes verfing, veranstalteten wir Wettbewerbe um das höchste Maß an Strafarbeiten, in deren Verlauf diese so umfangreich wurden, dass auf ihrer Ausführung zu bestehen unmöglich war. In den Klassenarbeiten betrogen wir schändlich, weil wir wussten, dass es dem Lehrer an Energie mangelte, uns unseren Betrug nachzuweisen.

Unsere Lateinkenntnisse waren mangelhaft bis ungenügend; spätere Lehrer konnten nichts mehr retten. In der Abschlussklasse gab man uns denselben Lateinlehrer wieder, als wollte man ihn was er verdorben hatte auch hinausschaffen lassen. Er gab schließlich fürs Reifezeugnis jedem die Note, die er bekommen hätte, wäre der Unterricht gut gewesen.

Die meisten Schulgeschichten, die ich erzähle, haben sich um diesen Lehrer herum abgespielt. Ohne ihn wären die wildesten, die komischsten und die misslungensten Streiche nie verübt, die schlimmsten Konfrontationen nicht ausgestanden worden. Wo uns seine gleichaltrigen Kollegen mit dem Stoff und den pädagogischen Konzepten fütterten, die älteren mit ihrer Ruhe und Autorität verschreckten, da stellte er sich uns als ein beschädigter Mensch und gab mit sich die Geschichten preis, die die anderen uns verwehrten.

Liebe

Eine Mitschülerin aus der Volksschule habe ich sehr verehrt, schon ihr Vorname schien mir der edelste zu sein, den es gab. Sie hatte lange blonde Haare, meist zu dicken Zöpfen geflochten, und ein rundes Puttengesicht. Sie war mein Inbegriff des Schönen, ihre Schulnoten waren noch besser als die meinen, nur leider stammte sie aus einem anderen Teil des Vorortes und unsere Schulwege trafen sich erst auf dem Hof oder im Klassenzimmer. Nie konnte ich ein Wort mit ihr sprechen, das nicht unter der Aufsicht von Lehrerin und Mitschülern gestanden hätte. Also machte ich mich, um nicht aufzufallen, gleich bei allen Mädchen der Klasse beliebt. Ich ärgerte sie nicht, um ihnen, besonders aber ihr, näher sein zu können; ich verteidigte ihre Ansichten gegen die der Jungen, die auch die meinen waren; und ich spielte ihre Spiele, deren Peinlichkeit ich ebenso wie den Spott der Jungen in Kauf nahm. In der vierten Klasse wurden Claudia und ich als Klassensprecherin und Klassensprecher gewählt, und in dieser Funktion, in die mich allein die Stimmen der Mädchen gebracht hatten, sammelten wir, zu meiner Seligkeit, einmal in der Woche gemeinsam das Milchgeld ein.

Allerdings war dieses vierte Schuljahr ein Kurzschuljahr, es dauerte nur wenige Monate, und bald fuhren wir, längst nicht jeden Tag gemeinsam, in verschiedene Gymnasien der Stadt. Nach einem weiteren Jahr zog ich weg, und wir sahen uns nur noch selten. Doch das war es nicht, was sie mir entfremdete, und auch nicht der Umstand, dass sie rasch groß wurde und eine laute Stimme bekam. Aber wir gerieten auseinander, als ich einmal glaubte, im Schutze der ersten erlernten Fremdsprache mich ihr offenbaren zu können und bei einer gemeinsamen Busfahrt »amo te« zu ihr sagte. Ich liebe dich. Es gab ein lautes Gegröle aller Umstehenden. Das Wort, um dessen Bedeutung einige wußten, andere nicht, flog als Parole über die Sitzreihen, wurde geschrien, und ich schrie es, um mich zu tarnen, endlich auch.

Ich habe eine Jungenschule besucht; jahrelang sah ich Mädchen nur von weitem, sprach nicht mit ihnen und vergaß alles, was ich vielleicht schon einmal gewusst hatte. Dann begannen die Tanzstunden. Seitdem fange ich wieder von vorne an, täglich.

Kommunionuhr

Meine erste Uhr bekam ich zur Kommunionfeier geschenkt. Sie war rund und ausgesprochen flach. Sie hatte ein goldenes Gehäuse; auf dem silbrigweißen Zifferblatt waren statt der Zahlen nur schwarz-goldene Striche, und der Sekundenzeiger war so fein, dass ich ihn gar nicht sah, wenn er auf drei oder neun Uhr stand und ich aus Richtung und in Höhe des Aufziehrädchens durch das Glas schaute.

Die Uhr war natürlich das wichtigste der Geschenke. Unausgesprochen galt es als eine Frage des Anstands, sich mehr oder doch wenigstens erkennbar anders darüber zu freuen als über die sonstigen Geschenke, mochten die auch in der Mehrzahl interessanter sein als die Uhr. Schenker war in der Regel der Großvater väterlicherseits. Meiner hatte früher die Straßenbahn, später den Überlandbus und zuletzt den Oberbürgermeister gefahren, unterhielt aber kein besonderes Verhältnis zu Uhren. Das tat der andere Opa, der Arbeiter gewesen war. Er besaß eine große Taschenuhr, die er in meinem Beisein zerlegte und ölte. Damit kein Rädchen verloren ging, zerlegte er sie auf einem Porzellanteller. Und stets sagt er dabei ein Gedicht auf, das mit den Versen begann: »Ich trage, wo ich gehe, stets eine Uhr bei mir.«

Tragen durfte ich die Uhr erst, als ich anderthalb Jahre später ins Gymnasium fuhr. Dort wechselten stündlich die Lehrer. Es gab eine große große und eine kleine große Pause. Ab jetzt zählte jede Minute. Allerdings galt es als unfein, während des Unterrichts auf die Uhr zu sehen. Deshalb, mehr aber noch, um sie zu schützen, trug ich sie unter der Manschette oder unter dem Bund des Pullovers. Da war sie, unsichtbar, aber umso besser zu spüren. Nur in der sechsten Stunde ließ ich sie genau zur Hälfte hervorschauen; erschien dann der große Zeiger neben dem Stoff, waren es nur noch fünf Minuten. Es muss schon in der Quinta oder Quarta gewesen sein, da fuhr ich einmal hastig und unbedacht mit der linken Hand in meine Schultasche. Hörbar schrammte die Uhr am Scharnier des Zirkelkastens vorbei, und meine Befürchtung war nicht grundlos: Auch nach allem Polieren behielt das Glas eine matte Stelle, am Rand zwischen zehn und elf.

Schwimmbad

Das Schwimmen brachte mir mein Vater bei, in einem sehr alten Hallenbad, das den Namen »Kaiserbad« trug und längst abgerissen ist. In einer anderen Stadt sah ich ein ähnliches, das hieß »Schwimmoper«. Von außen groß, solide und imposant, war es im Inneren ein labyrinthisch enger, abschreckender Bau. Durch eine enge, doppeltürige Umkleidekabine gelangten wir in die eigentliche Schwimmhalle, auf eine Galerie, die mir dem gläsernen Kuppeldach schon sehr nahe zu sein schien und von der man wie von einem Balkon tief hinuntersah. Ein hier oben angebrachtes Sprungbrett war nach einem tragisch verlaufenen Unfall abmontiert worden; fast bei jedem Besuch erzählte mein Vater mir die Geschichte. Hinunter stiegen wir über dunkle, rutschige Steintreppen. Das Wasser im Becken stand etwa einen halben Meter unterhalb des Randes; als Nichtschwimmer fühlte ich mich hier wie eine Fliege, in einem halb vollen Glas.

In der ersten Gymnasialklasse fand der Schwimmunterricht in ebendiesem Bad statt. Wir Schüler mussten uns, nicht nur gegeneinander ungeschützt, sondern auch den Blicken anderer ausgesetzt, in einem offenen Sammelraum an der Stirnseite der Halle umkleiden. Jedes Mal schien mir das Wasser kälter als zuvor. Aber zum Glück hatte mein Vater ja Vorsorge getroffen. Und so gehörte ich schon im ersten Jahr zu den Schwimmern und sah den Bemühungen des Sportlehrers um jene, die zitternd im Flachen standen, aus sicherer Tiefe zu.

Krankheit

Einmal schickte man mich aus dem Unterricht nach Hause, da sich die Anzeichen einer Röteln-Erkrankung zeigten. Auf dem Heimweg warnte ich alle Passanten durch lautes Rufen, wegzubleiben und sich nicht der Ansteckungsgefahr auszusetzen.

Essen

Essen mochte ich nicht. Bis etwa zum 14. Lebensjahr waren mir die allermeisten Gerichte ein schierer Ekel. Nur weniges, das ganz matt und leise im Geschmack war, mochte ich gern; und entgegen dem Urteil meiner Eltern, die mich für verwöhnt erklärten, obwohl doch nur sie selbst mich hätten verwöhnen können, waren es nicht bloß die teuren Speisen, die ich nicht abscheulich fand. Gerne aß ich etwa eine Banane, in ein ausgehöhltes, trockenes Brötchen geschoben. Man ließ meine Polypen herausnehmen; aber es half nicht viel. Jede Mahlzeit war eine Qual. Suppen aß ich, indem ich jeden festen Stoff aus ihnen filterte. Aus Frikadellen musste ich gleich mehrere ungenießbare Bestandteile herausschneiden. Vom Fleisch waren Sehnen und Fett, vom Fisch war alles zu trennen, das vielleicht eine Gräte war. Jedes Mittagessen die scheußliche Arbeit, das Ungenießbare vom gerade eben noch Essbaren zu scheiden. Natürlich verdarb das anderen den Appetit. Ich war ein blasses und dünnes Kind, jahrelang eine Sorge meiner Eltern; auf der Straße begrüßten mich die Bekannten nicht mit meinem Namen, sondern mit dem Ausruf: »Sieht der Junge aber schlecht aus!«

Das Märchen, in dem sich einer durch einen Reisberg essen muss, ging mir immer besonders nahe. Es lag ein Versprechen darin. Tatsächlich bekam ich mit 14, als sich alle an meine Zaghaftigkeit gewöhnt hatten, kräftigen Appetit. Und viele Jahre lang wurde ich niemals so richtig satt.

Spiel

Ich spielte lange ein Spiel, das meine Mutter, da die Küche unter meinem Zimmer lag, das »Tumpen« nannte. Was ich eigentlich trieb, verriet ich nicht. Auch konnte ich das Spiel bei drohender Nachschau ohne alle Spuren sofort abbrechen. Es handelte sich nämlich um eine Art Fußball-Simulation, bei der mein Körper sich in viele Funktionen aufteilte. Mein linker Fuß war die eine, mein rechter Fuß die andere Mannschaft, die Hände fungierten als Torhüter. So umspielte ich in gebückter Haltung mit einem zusammengerollten Strumpfpaar, dem leisesten aller Bälle, mich selbst, hielt meine Schüsse oder ließ sie passieren. Dazu war ich Schiedsrichter, Publikum und ganz besonders der Fernsehreporter, der aus jeder dieser grotesken Bewegungen und Verrenkungen die Spielsituation machte, indem er sie kommentierte. Die imaginären Mannschaften trugen die Namen von Hunderassen, und ich führte ganze Spielserien durch, an deren Ende jeder gegen jeden gespielt hatte, die »Dackel« ohne Verlustpunkt und Gegentor Meister geworden und die »Pudel« nach hartem Kampf abgestiegen waren.

Von Schachgroßmeistern berichten die Anekdoten, dass sie mit vollem Einsatz und aller Verbissenheit gegen sich selbst ge-

spielt haben,
und in diesen
Geschichten liegt
ein deutlicher Unterton von ausbrechendem Wahnsinn. Kinderspiele aber sind, wenn sie allein gespielt werden, wohl alle ein wenig verrückt. Doch die Gefahr liegt nicht im Spiel, sondern in der Mitteilung davon. Das wissen die Spieler und machen daher richtig ein Geheimnis daraus.

Lego-Steine

Ich besaß nicht mehr als einen mittelgroßen Kasten voll davon. Aus den grauen Platten, roten und weißen Steinen, den Fenstern, Türen und Dachsteinen baute ich zahllose Varianten des immer gleichen Hauses, mit dem einen Ziel, möglichst alle vorhandenen Teile zu einem abgeschlossenen Ganzen zu fügen. Das gelang nie. Wenn die Mauern zu ausladend wurden, reichten die Ziegel nicht aus, den Rohbau zu decken, oder er hatte nicht genug Fenster. Gelang das Dach, so blieben allzu viele Mauersteine übrig. Aber das war kein Problem, und nach neuen oder anderen Steinen zu verlangen, kam mir nie in den Sinn. Wichtig war nur dies: Vor Beginn des Spielens stürzte ich den Kasten so vor mir aus, dass er, hochkant stehend, die Öffnung zu mir gewandt, seinen Inhalt ausgoss wie ein Füllhorn. Wenn dieser Vorgang kein befriedigendes Ergebnis brachte, wiederholte ich ihn so lange, bis mir das Bild gelungen schien.

Modellbaubogen

Etwa vom 10. bis zum 14. Lebensjahr war meine liebste, wenn nicht einzige Beschäftigung an den Nachmittagen, aus papiernen Bastelbogen Modelle zu bauen. Die Objekte wechselten; mal waren es Flugzeuge, mal Häuser, Autos oder Schiffe. Und jedes Mal richtete sich zwar mein Interesse auch auf die Vorbilder zu meinen Modellen, doch alles Sammeln von Bildern und Zeitungsausschnitten, jeder Besuch von Großflugtagen oder Häfen war nur ein Anhängsel, vielleicht eine Legitimation der Scherenarbeit. Ich fühlte wohl, dass das Bauen in Papier einer Erhärtung an der wirklichen Welt bedurfte, schon aus den Reden der Schulkameraden, die längst in Plastik bauten oder, Anlass meiner Scham und Ehrfurcht, in Holz und Metall. Meine Modelle aber waren zu nichts zu gebrauchen. Die Flugzeuge flogen nicht, die Schiffe lösten sich im Wasser zu Brei auf, an den Autos drehten sich nicht die Räder, und dass ich die Häuser von innen beleuchtete, erschien mir schon damals als peinliches Zugeständnis. Also hielt ich meine Tätigkeit, so ausgreifend sie war, meistens geheim. Sie hat viele Freundschaften verhindert; die Modelle waren dafür zu empfindlich und ich war es auch. Nur einmal versuchte ich einem Nachbarsjungen die schwierige Technik des Schneidens, Faltens und Klebens beizubringen; er versagte und ich verachtete ihn dafür.

Viel mehr als die Modelle selbst verband mich mit der Außenwelt die Suche nach den Bastelbogen, die damals gerade selten wurden, verdrängt von Spielzeugen, die weniger Mühe, Vorsicht und Versenkung forderten. Ich besaß eine Karte, mit der ich jede Buslinie benutzen konnte, und regelmäßig besuchte ich die wenigen, zumeist alten Papier- und Schreibwarengeschäfte an allen Enden der Stadt, die noch Restbestände des Begehrten anboten. Dort war ich oft der einzige Kunde, wenn ich stundenlang aus den zwei oder drei Dutzend Modellen eines aussuchte, dabei mir vorstellte, wie die planen Teile räumlich werden, welchen Schwierigkeitsgrad dies haben und wie das Fertige aussehen würde. Schließlich musste die Verkäuferin unter meinen besorgten Blicken den Bogen an einer Abreißkante vorsichtig vom Block lösen. Er durfte auf keinen Fall gerollt, sondern musste glatt in mehrere Lagen Papier gepackt werden; auch wenn ich so auf den Heimfahrten in voll besetzten Bussen regelmäßig die Angst auszustehen hatte, es könnte ein irreparabler Knick in das Blatt kommen, mitten durch ein wichtiges Teil. Diese Rundfahrten und Käufe sind eine der schönsten Erinnerungen an meine Kindheit. Nie hat mich meine Auswahl getrogen, nie musste ich sie gegen jemanden durchsetzen; und das Ganze war der Vollzug köstlichsten Alleinseins.

In einem besonders alten und verwinkelten Geschäft auf einer Ladenstraße, an der die Entwicklung der Innenstadt vorbeigegangen war, verwahrte man als den Kronschatz meines Begehrens den Bastelbogen eines gigantischen Flugzeugträgers, alles in allem 27 Blatt mit Tausenden von Einzelteilen. Die Blätter waren an den Kanten schon angerauht, vergilbt und beschädigt; sie wurden weit unter dem üblichen Preis angeboten, ein Kauf wäre möglich gewesen. Immer wenn ich in die Nähe kam, besichtigte ich wieder das Modell und erwog die Risiken der Unternehmung. Und immer wieder bin ich vor der Herausforderung zurückgeschreckt. Ich hatte Modelle ähnlicher Größe gebaut; aber dies schien mir alle Dimensionen zu sprengen und meine Fähigkeiten zu übersteigen. Es zu kaufen und dann nach Tagen oder Wochen davor kapitulieren zu müssen, war

ein Gedanke, der mich wie ein Fiebertraum befiel. Noch heute bin ich stolz auf mein Zaudern. Gäbe es den Laden noch und darin die 27 Blätter, ich kaufte sie jetzt und schützte sie auf immer vor Schere und Leim.

Schrott

Manchmal inszenierte ich die Zerstörung eines Spielzeuges. Das hatte heimlich zu geschehen, denn Eltern sind mit einem gewissen Recht der durch und durch irrigen Auffassung, Spielzeuge seien Güter, auf deren Erhalt es ankomme. Eltern freuen sich auf Flohmärkten über uralte, tadellos erhaltene Puppen und Blechautos; doch dabei übersehen sie die Traurigkeit dieser bunten Teile, die wohl nie ein so sehr Eigenes waren, dass man sich nur durch ihre Vernichtung von ihnen hätte trennen können.

Mir war das Verbrennen die liebste Art der Zerstörung, besonders wenn das Objekt vorher mit Karnevals-Krachern gefüllt worden war. Doch leider war das auffällig und hinterließ allzu deutliche Spuren. Dinge aus Kunststoff konnte man vor einem Heißluftöfchen langsam zerschmelzen, kleine metallene Autos mussten mit einem schweren Hammer zu unförmigen Fladen gehämmert werden, manches bedurfte nur eines wie unabsichtlichen Sturzes aus Kopfeshöhe, um in seine Einzelteile zu zerspringen. Nach der Tat meldete sich immer das schlechte Gewissen. Ich hatte dem Rausch die besseren Absichten geopfert. Wochenlange Arbeit war in Minuten dahingegangen, wochenlanges Begehren im Nu zunichte gemacht.

Als Sammler, las ich später, sublimiere der erwachsene Mensch den Antrieb zur Vernichtung seiner Besitztümer im Erdenken eines Arrangements, das genauso destruktiv sei wie ein Verbrennen oder Zerschlagen. Der Sammler, hieß es, töte seine Dinge durch Ordnung. Ich kann nur hoffen, dass das nicht stimmt.

Schlauchboot

Für ein Schlauchboot, das etwa 50 oder 60 Mark kostete, habe ich sehr gelitten. Meine Eltern, die mir aus einem einfachen pädagogischen Konzept heraus längst nicht jeden Wunsch erfüllten, quälten mich wochenlang mit Fragen, wann, wie und wo ich es nutzen wollte. Die Regel bestand nämlich, dass auch die Ausgabe für ein Vergnügen sich zu lohnen und die Freude, die etwas bereiten sollte, sich auch einzustellen habe. Ich versicherte schließlich das Unmöglichste: das Schlauchboot regelmäßig zusammengefaltet auf dem Gepäckträger des Fahrrades zu einem 20 Kilometer entfernten See zu transportieren, es dort zu Wasser zu lassen, ausgiebigst damit herumzupaddeln und es am Abend wieder nach Hause zu verfrachten. Dazu kam es glücklicherweise nie; meine Eltern sparten nicht nur an Geld, sondern auch an Starrheit oder unsinnigem Beharren. Aber Vorwürfe gab es reichlich, denn das Schlauchboot zahlte sich einfach nicht aus. Fuhr mein Vater mich einmal zum See, so holte ich mir darin einen Sonnenbrand; die empfindlichen Innenseiten der Oberarme, mit denen ich beim Paddeln über die Nähte des Bootes strich, wurden wund; und die Tochter von Freunden meiner Eltern, die ich einmal mitnahm, sang während der ganzen Fahrt immer nur das eine, grenzenlos alberne Lied, ihre eigene Übersetzung einer Limonadenreklame ins Englische.

Das Schlimmste aber: Noch nach Jahren konnte man mir

mit dem Hinweis auf das Schlauchboot die Anfechtbarkeit all meiner Vorstellungen, das Haltlose all meiner Wünsche beweisen – und dabei hatte ich doch als Besitzer eines Schlauchbootes nur zu werden gehofft, was meine Eltern vergeblich in mir suchten und was auch mir das Mühseligste ebenso wie das Erstrebenswerteste zu sein schien: ein richtiger Junge.

Strafe

Dreimal bin ich nennenswert bestraft worden. Einmal war ich zu spät gekommen, nicht einfach zu spät, nein, ich hatte alle Zeit vergessen und als ich nach Hause kam, standen schon Eltern und Nachbarn nach mir Ausschau haltend auf der Straße. Einmal hatte ich einen Ball auf die Fahrbahn rollen lassen und ein Auto musste sehr scharf bremsen, während meine Mutter mich aus dem Fenster beobachtete. Und einmal fuhr ich mit dem vom Nachbarsjungen geliehenen Roller selig und entzückt über abgeschnittene Rosenäste und freute mich an dem Geräusch, mit dem die Dornen in die Reifen drangen. Schlimmeres habe ich wohl nicht verbrochen, und ich weiß: Die Beichte dieser drei harmlosen Begebenheiten ist eher peinlich.

Ich vermute, die meisten Kindertragödien entstehen, wenn man ohne Vorsatz und Absicht etwas Falsches getan hat und dann schwer, viel zu schwer bestraft wird. Meine Tragödie hingegen, wenn es denn überhaupt eine gegeben hat, war allenfalls die, so wenig Schlimmes angestellt zu haben, dass ich keine der vielen unauffälligen Ungerechtigkeiten des Alltags damit ausgleichen konnte.

Hund

Am Tag, als ich den Hund bekam, den ich mir so sehr gewünscht hatte, brach ein Besuch in unser Haus, und die Tochter, ein wenig jünger als ich, nannte den kleinen Dackel, der sich von seiner ersten Autofahrt noch nicht erholt hatte, zitternd in seinem Korb saß und in einem fort kotzte, einfach »Pucki«. Alle stimmten jubelnd ein. Mir, der ich es mir mit der Namenswahl nicht leicht machen wollte und gerade die allergrößten Probleme damit hatte, den lächerlichen Züchternamen »Eros« überhaupt durch einen anderen Namen zu ersetzen – mir war das Tier damit unwiderruflich entfremdet. Zwar blieb »Pucki« nur eine Art offizieller Name, denn herbeirufen ließ sich der unerziehbare Hund nur mit der Ankündigung von Fressen und Auslauf; doch das Verhältnis zwischen uns blieb gespannt und wir erlaubten uns in Folge unerfreuliche Übergriffe. Der Hund wurde der Hund meines Vaters, meine Mutter versorgte ihn. Er litt an Epilepsie, nach 15 Jahren ließ man ihn töten. Von einem Nachfolger war nie die Rede. Man atmete auf.

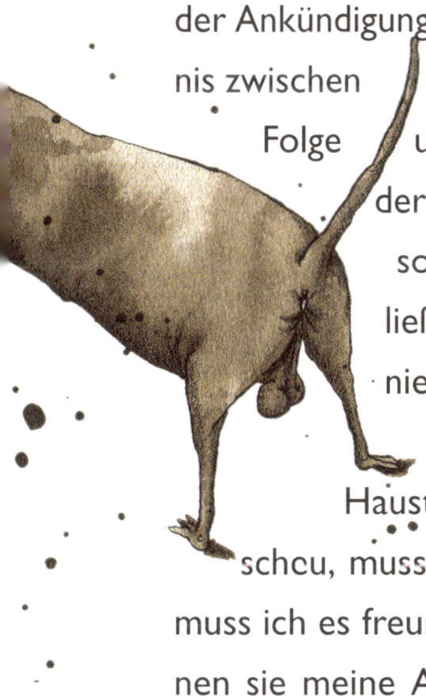

Ich aber büße noch immer dafür. Jedes Haustier, das mir begegnet, muss ich rufen. Ist es scheu, muss ich sein Zutrauen erwerben, ist es böse, muss ich es freundlich stimmen. Alle muss ich füttern; lehnen sie meine Angebote ab, bin ich verzweifelt. Und das Schlimmste: Für jedes muss ich mir einen Namen ausdenken.

Bibliothek

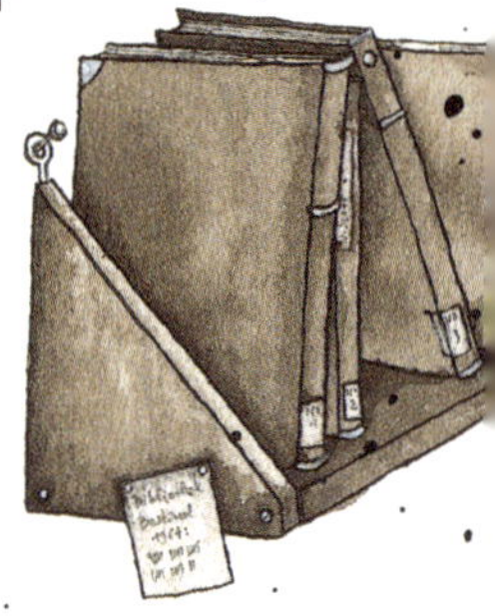

Als John F. Kennedy erschossen wurde, kam mein Vater früher aus der Firma, um die Berichte im Fernsehen zu verfolgen. Damit machte er mir Angst. Zu dieser Zeit eiterten gelegentlich noch Granatsplitter aus seinem Bein. Er lag dann im Wohnzimmer auf der Couch, das in feuchte Tücher gepackte Bein auf einer Gummimatte, neben sich einen Eimer Wasser und viele Zeitungen. Was genau geschah, habe ich nie gesehen, ich durfte nicht ins Zimmer.

John F. Kennedy wurde im November 1963 erschossen. Zu Weihnachten bekam mein Vater einen Bildband geschenkt, die letzten Fotos darin zeigten Kennedys Sohn, wie er vor dem Sarg seines Vaters salutierte, neben ihm die Präsidentenwitwe mit einem Schleier vor dem Gesicht. Dieser Bildband war das erste richtige Buch in unserer Wohnung, lange stand es mutterseelenallein im gläsernen Vitrinenfach des Wohnzimmerschranks. Erst anderthalb Jahre später, zu meiner Erstkommunion, kamen weitere Bücher ins Haus. Es waren die üblichen Geschenke, Karl May, Schwabs Sagen des klassischen Altertums, Rin Tin Tin, der Lederstrumpf, die Schatzinsel und die Deutschen Heldensagen. Dazu bekam ich alle Kinderbücher meines um zehn Jahre älteren Cousins. Auf einen Schlag besaß ich dergestalt eine ganze Bibliothek. Ich schrieb meinen Namen in die Bücher,

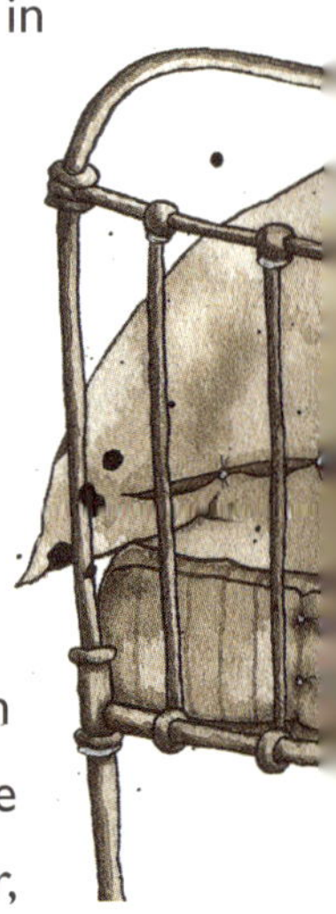

nummerierte sie und ordnete sie nach Größe in das Regal über meinem Bett. Irgendwann stand dann auch der Kennedyband unter ihnen, mit Name und Nummer. Schön wäre, wenn ihn mein Vater dahin gestellt hätte. Wahrscheinlicher ist, dass ich ihn genommen habe, ohne zu fragen.

Musik

Ich war neun Jahre alt, da bekam ich meine erste Platte. Es war eine Single; Frank Sinatra sang auf der A-Seite »Strangers in the Night«. Ich hatte das Lied im Radio gehört, und was immer mich an diesem doch damals schon erkennbar antiquierten, orchesterumrauschten Schlager in den Bann zog – es war

stark genug, dass ich darum bat, man solle mir die Platte kaufen. Eine Single kostete damals 4,95. Es war aber weniger der Preis, der meine Eltern zögern ließ, als vielmehr ein etwas ungewöhnlicher Begleitumstand meiner Bitte: Wir besaßen nämlich keinen Plattenspieler! Was um aller Welt wollte ich also mit einer Platte? Ich aber wusste schon, dass die Musik im Radio kam und ging, dass sie in der Hitparade stieg und fiel. Und »Strangers in the Night« wollte ich auf gar keinen Fall irgendwann einmal nicht mehr hören können. Was würde mir also später ein Plattenspieler nutzen, wenn dazu die Musik, die ich hören wollte, fehlte? Also wurde die Platte gekauft.

In unserem ländlichen Vorort sprach sich das schnell herum. Da hatte einer eine Platte, aber keinen Plattenspieler. Mein kräftiger Schulfreund vermittelte mich an seine Oma, eine alte Bauerswitwe, die auf dem Hof gegenüber zwei altdeutsch möblierte Zimmer bewohnte, darin ein riesiger Grammophonschrank. Dort saßen wir dann, immer am späten Nachmittag, die Greisin in ihrem schwarzen Witwenkleid mit weißem Spitzenkragen, ihr stämmiger Enkel in kurzer Lederhose und ich; und immer hörten wir zweimal Frank Sinatras großen Hit, komponiert von Bert Kaempfert. Der Weg zurück nach Hause führte durch die Küche des Hofs. Dort saßen die Bauersleute und die Knechte beim Abendbrot. Sie nickten mir schweigend zu; die Single trug ich unter dem Hemd.

Höhle

Auf dem Speicher unseres neuen Hauses, in einer etwa vier Meter langen, von Dach und Stützwand gebildeten und kaum mehr als einen Meter hohen

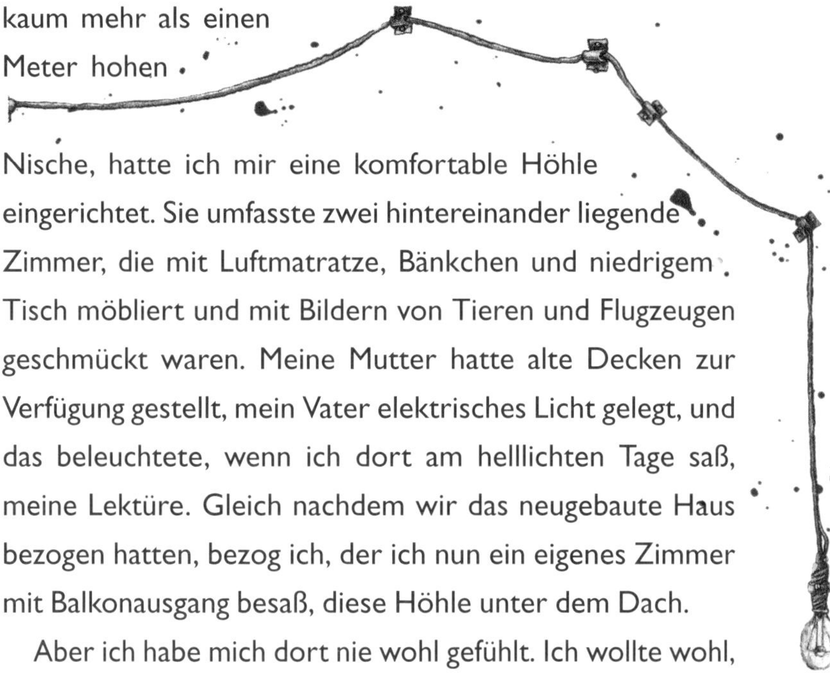

Nische, hatte ich mir eine komfortable Höhle eingerichtet. Sie umfasste zwei hintereinander liegende Zimmer, die mit Luftmatratze, Bänkchen und niedrigem Tisch möbliert und mit Bildern von Tieren und Flugzeugen geschmückt waren. Meine Mutter hatte alte Decken zur Verfügung gestellt, mein Vater elektrisches Licht gelegt, und das beleuchtete, wenn ich dort am helllichten Tage saß, meine Lektüre. Gleich nachdem wir das neugebaute Haus bezogen hatten, bezog ich, der ich nun ein eigenes Zimmer mit Balkonausgang besaß, diese Höhle unter dem Dach.

Aber ich habe mich dort nie wohl gefühlt. Ich wollte wohl, was ich über alte Häuser und Burgen und Keller und geheime Verliese gelesen hatte, auch in dem Neubau finden; und das schlug natürlich fehl. Auch spürte ich, dass der Aufenthalt in diesem offenbaren Versteck etwas Lächerliches hatte. Nachdem seine Einrichtung abgeschlossen war, suchte ich es bald nicht mehr auf.

Fußball

Ich war gerade so alt, dass mein Vater mich mit ins Fußballstadion nehmen konnte, da stieg unsere Borussia in die Bundesliga auf. Das Gefühl, dabei gewesen zu sein, verpflichtete mich zu treuester Anhängerschaft. Ich verwahrte, jede auf ein großes, weißes Blatt geklebt, die Eintrittskarten zu den Spielen der Aufstiegsrunde. Im Jahr darauf zogen wir in einen Vorort, der noch etwas weiter entfernt von der Innenstadt lag, in der ich mich als Sextaner des dortigen Gymnasiums gerade heimisch zu fühlen begann. Nun fürchtete ich, kein Recht mehr zu haben, mich als Borussenanhänger zu betrachten. Meine Eltern bewiesen mir, dass auch der neue Wohnort innerhalb der Stadtgrenzen lag. Aber das nutzte nichts, ich fühlte mich ausgeschlossen oder zumindest unzureichend legitimiert.

Heute wohne ich weit weg von der Borussia; aber ich bin ein Anhänger geblieben. Man bekomme, sagt ein Schriftsteller, seine Kindheit über den Kopf gestülpt wie einen Eimer, und den Rest des Lebens rinne dann dessen Inhalt an einem herab. Das ist ein unappetitliches Bild, aber ein gutes.

BORUSSIA

Stadtplan

Der erste Gegenstand, den ich nachdrücklich als einen antiquarischen verstand und behandelte, war ein etwa 50 Jahre alter Stadtplan meiner Heimatstadt, der mir von Bekannten geschenkt wurde, als sie erfuhren, dass ich mit meinem neuen Fahrrad lange Expeditionstouren durch Stadt und Vororte unternahm. Welch höchst unsinniges und dummes Geschenk, denn dass er einige Straßen verzeichnete, die es nicht mehr, viele aber nicht, die es jetzt gab, sah man dem Plan schon von außen an. Andererseits hatte er etwas Edles. Er war auf dünnes Leinen gezogen, das an den Faltkanten, wo die Papierauflage zerschlissen war, ein rechtwinkliges Grabensystem durch Straßen und Siedlungen zog. Fast von selbst fiel

der Plan in immer neue Faltmuster, aufgeklappt zu sein war die ihm fremdeste Stellung.

Gerade diesen Plan nun machte ich zu meinem Führer; insgeheim hoffte ich, sein Alter und seine Unrichtigkeiten könnten mich in seltsame, weltfremde Situationen bringen, einen erstaunten Zeitreisenden aus mir machen, dem die Bewohner einer früheren Zeit es schuldeten, alle späteren Veränderungen und Zerstörungen zu begründen. Natürlich kam es dazu nie. Und um mich von irgendwo nach Hause zu bringen, reichte der Plan allemal. Man kann sich, das habe ich damals erfahren, nicht mit Absicht im Bekannten verirren. Später sollte ich mir dann einen Sport daraus machen, mich in fremden Städten ohne Plan zurecht zu finden.

Große Fahrt

Fast mit dem 15. Geburtstag erhielt ich ein Mofa, welche Abkürzung besagte, dass es einen Motor hatte, ansonsten aber verkehrstechnisch weiterhin als Fahrrad galt. Benzin brauchte es, den Führerschein nicht. Seine Höchstgeschwindigkeit war per Gesetz und Konstruktion auf 25 Stundenkilometer festgesetzt. Radfahrer, die das wollten, konnten mich auf dem Radweg, den ich benutzen musste, mühelos überholen. Aber der Bus hatte ausgespielt. Ich war frei. Gleich an einem der ersten Tage beschloss ich, über Landstraßen, die Autobahn durfte ich nicht benutzen, in die nächste Großstadt zu fahren. Was Entfernung und Geschwindigkeit sind, habe ich an diesem kühlen Frühlingstag erfahren. Zwei Stunden dauerte es, bis ich in der fremden Stadt war, deren Labyrinth von Einbahnstraßen nur konstruiert schien, mich gleich wieder auszuspucken, mich nirgendwohin gelangen zu lassen, wo gewesen zu sein sich gelohnt hätte. Das Zentrum fand ich nicht und keinen Ort, an dem ich hätte absteigen mögen. Nichts gesehen, nichts erlebt, nichts gelernt als dass ich, der ich mich befreit wähnte, der schwächste und hilfloseste Straßenbenutzer geworden war, fuhr ich frierend wieder zurück nach Hause.

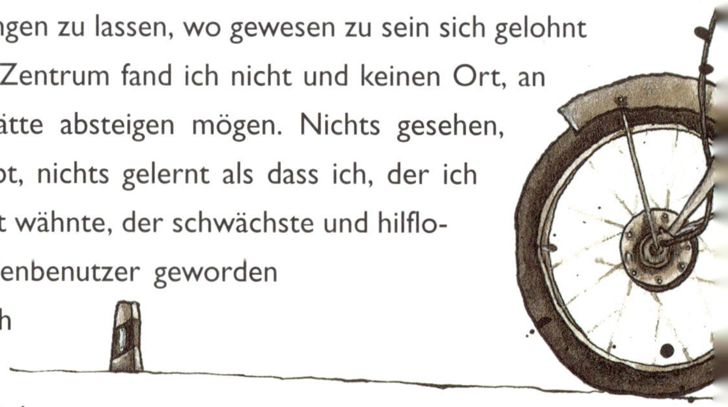

Heiligabend

Mein schrecklichstes Weihnachtsgeschenk war eine Carrera-Bahn. Ich bekam sie genau ein Jahr nachdem ich so furchtbar an einer Modelleisenbahn-Platte gescheitert war; und nun sollte es wieder, wenngleich viel schneller, im Kreis herumgehen.

Aber daher rührte der Schrecken nicht. Er hatte andere Gründe. Kurz vor der Bescherung saß ich in unserer Küche und wartete darauf, ins Weihnachts-Zimmer gerufen zu werden. Bis zu dieser Minute hatte ich es mit einem gewaltigen Aufwand an Weghören und Selbstüberredung noch gerade eben geschafft, mir den Glauben an das Christkind zu bewahren. An ein heiliges Geschöpf, wesenlos und überall gleichzeitig bei seiner wunderbaren Arbeit. Doch es fiel mir schwer. In meiner Welt aus Autos und Düsenflugzeugen und Fernsehen gab es keinen Platz mehr für das Übersinnliche.

Da kam meine Mutter aus dem Wohnzimmer. In der Hand hielt sie Streichhölzer und eine Packung jener kleinen roten Kerzen, die jedes Jahr das Christkind auf den Gabentisch stellte. Da konnte ich plötzlich nicht anders: Überführt!, dachte ich und sagte es auch. Ertappt auf frischer Tat! Den Beweis in der Hand! – Und meine Mutter, die wohl selbst nur mit dem schlechtesten Gewissen ihrem Sohn noch immer ein Wunderwesen vorgaukelte, sie machte keine Anstrengung, das Christkind zu verteidigen. Sie gab alles zu.

Ich habe sehr geweint. Teils aus Erleichterung, teils aus Enttäuschung. Ich spüre noch die Hand meiner Mutter, als sie mich ins Wohnzimmer schob. Und ich musste auch geschoben werden, denn was erwartete mich wohl in dem Zimmer, in dem sich erstmals kein Wunder ereignet hatte? Mich erwartete die Carrera-Bahn! Und weil man ein Ding, das eben erst von Gott verlassen worden ist, niemals zu einem geliebten Spielzeug machen kann, deshalb ist die Carrera-Bahn bis heute das schrecklichste Geschenk, das ich jemals bekommen habe.

Erlebnis

Von einer Klassenfahrt nach England kam ich spätabends erkältet und übermüdet zurück. Zu Hause führten mich meine strahlenden Eltern in das neu eingerichtete Kinderzimmer. Erst die Hälfte der Möbel war da, mein ganzer Besitz vorläufig in anderen Räumen untergebracht, die Wände nackt und weiß. Alles erschien mir auf den ersten Blick unpraktisch und unbequem. Meine Liege, auf der ich die Nachmittage verbracht hatte, war einem Klappbett gewichen, das über Tag ebenso in der Schrankwand verschwand wie ein wackliges Brett, das den Schreibtisch ersetzen sollte, auf dem die lederne Garnitur geprangt hatte. Ich konnte nicht mehr vom Bett aus fernsehen oder Radio hören, für meine Modelle war kein Platz mehr an den Wänden. Krank, verwirrt und wütend schlief ich ein auf dem neuen Bett, dessen Sprungfedern helle, nachhallende Töne gaben.

Aber es war alles nicht so schlimm. Den Schreibtisch brauchte ich nicht mehr, da ich bald keine Schulaufgaben mehr machte, die Liege nicht, weil ich die Nachmittage mit Freunden in der Stadt verbrachte, und statt Modelle zu bauen, ging ich zum Tanzkurs und in Lokale. Kaum zwei Jahre später zog ich endgültig von zu Hause weg, ohne langes, bitteres Abschiednehmen. Die Möbel des alten Zimmers nahm ich mit. In dem Wunsch, es mir dort gemütlich zu machen, hatten meine Eltern mir den Auszug aus der Kindheit leicht gemacht. Es schlug alles zum Guten aus.

Burkhard Spinnen
Langer Samstag
Roman
304 Seiten. Gebunden.
ISBN 3-89561-031-1

»Ein unterhaltsamer, bestens geschriebener und dabei blitzgescheiter Roman.«
Martin Lüdke
Frankfurter Rundschau

»Burkhard Spinnen setzt einen neuen Maßstab. Er hat über kleine Dinge einen großen Roman geschrieben.«
Michael Allmaier
Frankfurter Allgemeine Zeitung

Schöffling & Co.

Burkhard Spinnen
Belgische Riesen

Roman

292 Seiten. Halbleinen.

3-89561-034-8

»Ein Glücksfall für die deutschsprachige Kinderliteratur.«

Christoph Schmitz

Vorsitzender der Jury zum Deutschen Jugendliteraturpreis

»Rasant erzählt, einfallsreich,
voller Witz und Situationskomik.
Wenn Sie Neffen, Nichten oder Enkeln eine Freude
machen wollen: Schenken Sie ihnen diese
Belgischen Riesen.«

Holger Schlodder

NDR

Burkhard Spinnen

Dicker Mann im Meer

Geschichten

248 Seiten. Gebunden.

3-89561-033-x

»Die Geburt eines Erzählers.«

Hajo Steinert

Die Zeit

»Ein bemerkenswertes Prosadebut. Burkhard Spinnen führt in seinen sprachlich geschliffenen, der Story vertrauenden Erzählungen scheinbar an der Oberfläche des Alltags durch Abgründe des Seelenlebens. Wer so behend erzählt, dessen Geschichten sind sorgfältig erschrieben.«

Michael Bauer

Süddeutsche Zeitung

Schöffling & Co.

Burkhard Spinnen
Kalte Ente

Geschichten

304 Seiten. Gebunden.

3-89561-030-5

»Selten liest man zurzeit auf deutsch so einfache, dabei rhythmisch so abwechslungsreich gebaute Sätze, selten hört man einen so prägnanten, in seiner umgangssprachlichen Färbung so zeitnah wirkenden Dialog. Wer es bisher nicht für möglich gehalten hat, daß sich auch außerhalb der angelsächsischen Literatur neuer Lesestoff findet, der unterhaltsam und auf eine unaufdringliche Art klug erzählt ist, dem sei Burkhard Spinnens Erzählband Kalte Ente empfohlen.«

Gunhild Kübler
Neue Zürcher Zeitung

Burkhard Spinnen
Der schwarze Grat

Die Geschichte des Unternehmers Walter Lindenmaier aus Laupheim

312 Seiten. Gebunden.

ISBN 3-89561-037-2

»Ein Glücksfall für die Gegenwartsliteratur.«

Michael Braun

Frankfurter Rundschau

»Eine ganz erstaunliche Geschichte!
Und wie er sie erzählt!«

Götz Alsmann

Handelsblatt

»Ein beständiges Auf und Ab, der dauerhafte Kampf eines Mittelständlers ums Überleben in Zeiten der Globalisierung. Wie in einem Krimi.«

Frankfurter Allgemeine Sonntagszeitung

Schöffling & Co.

Burkhard Spinnen
Trost und Reserve
168 Seiten. Gebunden.
3-89561-032-1

»Präzise, lakonisch und meistens ungeheuer komisch.«
Der Spiegel

»Das sind eiserne Rationen des Erzählens, die man auspackt, wenn die großen Einsichten verbraucht sind, wenn über das Schreckliche und das Schöne des Lebens schon alle Worte verloren wurden.«
Eberhard Falcke
Süddeutsche Zeitung

Burkhard Spinnen
Bewegliche Feiertage
392 Seiten. Gebunden.
ISBN 3-89561-035-6

»Maßvolle Ketzerei ließe sich nennen, was Burkhard Spinnen, durchaus traditionsbewußt, in seinen Essays veranstaltet.«
Wieland Freund
Süddeutsche Zeitung

»Es ist eine Lust, Burkhard Spinnen zu folgen und mit ihm die Welt neu zu entdecken.«
Lutz Hagestedt
Der Tagesspiegel

Schöffling & Co.